Frische Farben und fröhliche Figuren – das ist das Motto unseres neuen Buches mit handgemachten Filzideen. Hier finden Sie luftig-leichte Dekorationen mit einem Schuss Romantik, passend zum aktuellen skandinavischen Landhausstil, und viele praktische Dinge, die Sie im Alltag begleiten.

Mit viel Freude haben wir für Sie zauberhafte kleine Dinge für das ganze Jahr entworfen. Da sind ein Hase und ein lustiges Huhn, ein Schneemann und ein Wichtel mit Fliegenpilz, Dorle, das Glücksschwein, und Fräulein Mööök, die elegante Schafdame mit Hut. Sie alle wollen Ihre Freunde und Lebensgefährten sein.

Wir wünschen Ihnen viel Vergnügen beim Filzen!

Winterlicher Willkommensgruß

Türkranz mit frostigem Gesellen

MOTIVGRÖSSE
Kranz ca. ø 36 cm
Schneemann 11,5 cm hoch

MATERIAL
* Dekokranz aus Ästen, ø außen ca. 36 cm, innen ca. 15 cm
* Filzwolle in Weiß, 10 g
* etwas Filzwolle in Orange
* Baumwollstoff in Weiß-Blau gestreift, 7 cm x 50 cm
* Baumwollstoff in Blau-Weiß gestreift, 3 cm x 25 cm
* Styropor®-Kegel, 7 cm hoch
* Styropor®-Kugel, ø 3 cm
* Minizylinder, ca. ø 2,5 cm
* 3 Miniknöpfe in Schwarz, ø 4 mm
* Schneeflockenknopf, ø 1,7 cm
* 2 Rocailles in Schwarz
* 3 Dekosterne in Weiß, ø 10 cm
* Zahnstocher
* Nähgarn in Schwarz
* Buntstift in Rot
* Heißkleber

VORLAGE
Bogen 1A

1 Den Kegel und die Kugel mit weißer Wolle umfilzen. Aus der orangefarbenen Wolle eine kleine Karotte gemäß Vorlage nadeln. Formen Sie dafür die Wolle grob zu einem Strang vor und filzen Sie sie mit der Nadel in Form. Dabei die Karotte ständig drehen. Das hintere Ende nicht verfilzen und die Karotte damit im Gesicht festnadeln.

2 Die Rocailles für die Augen am Kopf befestigen und den Mund aufsticken. Den Zahnstocher auf ca. 4 cm kürzen und an beiden Seiten anspitzen. Kleben Sie ihn je zur Hälfte in den Kopf und den Körper, sodass die beiden Teile miteinander verbunden werden.

3 Die drei Knöpfe am Bauch befestigen. Den Zylinder mit Heißkleber auf dem Kopf fixieren. Nun können Sie den blau-weißen Stoffstreifen der Länge nach falten und als Schal umbinden. Den Schneeflockenknopf annähen und die Schalenden ausfransen. Die Bäckchen bekommen mit dem roten Buntstift etwas Farbe.

4 Befestigen Sie den Schneemann und die Sterne mit Heißkleber im Kranz. Zuletzt den weiß-blauen Stoffstreifen der Länge nach zusammenlegen und als Aufhängung gemäß Abbildung am Kranz fixieren.

Love

Love, love, love ...

Tischset mit Herzen

MOTIVGRÖSSE
45 cm x 30 cm

MATERIAL
* Filzwolle in Weiß, 3 g, und Rot, 15 g
* Bastelfilz in Weiß, 4 mm stark, 45 cm x 30 cm
* Webband in Rot mit weißen Punkten, 8 mm breit, 35 cm und 50 cm lang
* Nähgarn in Weiß und Rot
* Nähmaschine oder Nähnadel
* Heißkleber

VORLAGE
Bogen 1A

1 Steppen Sie das längere Stück Webband 9 cm vom oberen Rand und das kürzere Stück auf der linken Seite des Tischsets mit 10,5 cm Abstand zum Rand fest.

2 Nun die Herzen gemäß Vorlage in Rot separat nadeln. Den Rand dabei immer wieder unter das Herz schieben und durch häufiges Einstechen festigen.

3 Das große Herz mit dem Schriftzug „Love" befilzen. Zwirbeln Sie dafür ein wenig Wolle mit den Fingern zu einem dünnen Strang und nadeln Sie ihn mit gezielten Stichen an. Anschließend das Herz am Rand entlang mit weißem Nähgarn umnähen.

4 Ein kleines Herz mit Punkten, ein weiteres mit Streifen benadeln. Zum Schluss alle Herzen mit Heißkleber auf dem Tischset fixieren.

Unsere Tipps für Sie

Herzen filzen Die Herzen können Sie auch mithilfe von Ausstecherförmchen nadeln. Dafür etwas Wolle in ein entsprechendes Förmchen geben und mit der Nadel verfilzen.
Kleben statt Nähen Das Webband muss nicht unbedingt aufgenäht werden; Sie können es auch aufkleben.

Frohe Ostern!

mit Hase Archie und Huhn Luzy

MOTIVHÖHE
Hase 15,5 cm
Huhn 13 cm

MATERIAL

HASE
* Filzwolle in Weiß, 14 g
* etwas Filzwolle in Braun
* Styropor®-Kegel, 12 cm hoch
* 2 Rocailles in Schwarz
* Pomponborte in Türkis, 20 cm lang
* Streuteil: Holzkarotte, 3,5 cm lang
* 3 Blümchenknöpfe in Türkis, ø 5 mm
* Nähgarn in Schwarz
* Nähnadel

HUHN
* Filzwolle in Weiß, 10 g
* etwas Filzwolle in Rosa, Pink und Orange
* Styropor®-Kegel, 12 cm hoch
* 2 Rocailles in Schwarz
* Filzblume in Pink, ø 5 cm
* Knopf in Weiß, ø 1,3 cm
* Nähgarn in Schwarz
* Nähnadel

VORLAGE
Bogen 1A

Hase

1 Umfilzen Sie den Styropor®-Kegel mit weißer Wolle. Eine kleine Kugel mit einem Durchmesser von ca. 1 cm aus brauner Wolle nadeln und im Gesicht festfilzen.

2 Die Ohren gemäß Vorlage filzen. Formen Sie dafür die weiße Wolle grob vor und filzen Sie sie mit der Nadel in Form. Das untere Ende nicht verfilzen und die Ohren damit am Kopf fixieren. Die Rocailles als Augen annähen.

3 Für die Barthaare pro Seite zwei schwarze Nähfäden einziehen und verknoten. Kürzen Sie die Fäden auf die gewünschte Länge und befestigen Sie die Blumenknöpfe gemäß Abbildung am Kopf. Die Pomponborte und anschließend die Karotte am Körper mit Heißkleber fixieren.

Huhn

1 Den Styropor®-Kegel mit weißer Wolle umfilzen. Aus der orangefarbenen Wolle den Schnabel gemäß Vorlage nadeln. Formen Sie dafür die Wolle zu einem Strang grob vor und filzen Sie ihn mit der Nadel in Form. Dabei den Schnabel ständig drehen. Das hintere Ende nicht verfilzen und den Schnabel damit im Gesicht festnadeln.

2 Die Punkte und Schlangenlinien in Pink bzw. Rosa auf den Unterleib filzen. Für die Haare ein paar Filzflusen locker oben am Kopf annadeln. Die Rocailles für die Augen am Kopf befestigen und den Knopf auf die Blume nähen. Zuletzt die Blume mit Heißkleber am Huhn fixieren.

Unser Tipp für Sie

Osternest Setzten Sie die beiden Figuren doch in ein Holzkorb-Osternest aus Ästen (ca. ø 25 cm), das Sie mit apfelgrünem Sisalgras befüllen.

Frühlingsfrisches Kerzenlicht

verziert mit Blumen und bunten Eiern

MOTIVGRÖSSE
Glas ø 12 cm

MATERIAL

* Windlichtglas in Hellgrün, ø 12 cm
* Filzwolle in Weiß, 12 g, Orange, 12 g, und Rest in Gelb
* Bastelfilz in Weiß, 2 mm dick, 35 cm x 5,5 cm
* Zackenlitze in Orange-Gelb, 3 x 10 cm lang
* Rocailles in Orange und Grün
* Nähgarn in Orange
* Nähnadel
* Heißkleber

VORLAGE
Bogen 1A

1 Nadeln Sie gemäß Vorlage drei Ostereier aus weißer Filzwolle. Formen Sie dafür die Wolle grob vor und filzen Sie sie mit der Nadel in Form. Den Rand dabei immer wieder unter das Ei schieben und durch häufiges Einstechen festigen.

2 Die Zackenlitze von der hinteren Mitte ausgehend um die Eier legen und mit ein paar Stichen aufnähen. Einige Rocailles in Grün und Orange auf den Eiern gemäß Abbildung befestigen.

3 Nadeln Sie nun drei Blumen gemäß Vorlage. Dafür die orangefarbene Wolle zuerst zu einer Platte mit einem Durchmesser von ca. 5 cm filzen. Dann die Blütenblätter herausarbeiten. Stechen Sie hierfür an den Stellen der Einbuchtungen immer wieder von der Seite gezielt in die gleichen Punkte. Anschließend die Blütenmitten mit gelber Wolle aufnadeln.

4 Zuletzt das Filzband um das Glas legen und zur Runde zusammennähen oder -kleben. Die Eier und Blumen abwechselnd mit Heißkleber auf dem Band fixieren.

Munterer Ordnungshüter

garantiert ohne Haken

MOTIVGRÖSSE
Frosch 8 cm x 10,5 cm

MATERIAL
* Filzwolle in Apfelgrün, 10 g, Weiß, 8 g, und Dunkelgrün, 3 g
* Sperrholzrest, 8 mm stark
* 2 Herz-Knöpfe in Pink, ø 6 mm
* 2 Perlen in Schwarz, ø 5 mm
* Kleiderhaken, ca. 4,5 cm lang, mit Befestigungsmaterial
* Nähfaden in Schwarz und Pink
* Nähnadel
* Laubsäge
* Schleifpapier, Körnung 120
* Heißkleber oder UHU Alleskleber

VORLAGE
Bogen 1A

1 Beginnen Sie mit dem grünen Frosch und filzen Sie den Körper aus apfelgrüner Wolle gemäß Vorlage. Dafür die Wolle grob vorformen und mit der Nadel in Form filzen. Den Rand dabei immer wieder unter den Körper schieben und durch häufiges Einstechen festigen.

2 Den Bauch aus weißer Wolle auf den Körper und die Punkte in Dunkelgrün auf den Bauch nadeln. Für die Augen zwei Kugeln mit einem Durchmesser von ca. 1,5 cm filzen und auf den Kopf nadeln.

3 Den Mund in Dunkelgrün auffilzen. Zwirbeln Sie dafür ein wenig Wolle mit den Fingern zu einem dünnen Strang und nadeln Sie diesen mit gezielten Stichen an. Die Perlen als Augen und die Herzknöpfe als Backen annähen.

4 Nun für den Untergrund den Frosch aus dem Sperrholz aussägen und die Kanten mit dem Schleifpapier glätten. Den Kleiderhaken mittig an der unteren Kante befestigen, dann den Filzfrosch mit UHU Alleskleber oder Heißkleber auf dem Holzfrosch fixieren.

Unser Tipp für Sie

Froschhaken anbringen Befestigen Sie den Froschhaken z. B. mit doppelseitigen, ultrastarken Klebepads an der Wand oder Türe. Dann müssen Sie kein Loch bohren.

Shopping-Glück

beflügelte Einkaufstasche

MOTIVGRÖSSE
Schmetterling 17,5 cm x 14 cm

MATERIAL
* Filztasche in Natur meliert, ca. 31 cm x 47 cm (mit Henkel)
* Filzwolle in Weiß, 8 g, Rosa, 15 g, und Pink, 2 g
* 3 Filzblüten in Türkis, ø 5 cm
* 5 Knöpfe in Weiß, ø 1,5 cm
* 2 Blumen-Knöpfe in Rosa, ø 9 mm
* 4 Blumen-Knöpfe in Weiß, ø 6 mm
* 2 Rocailles in Schwarz
* Papierdraht in Rosa, 15 cm lang
* Webband in Rosa-Weiß, 1 cm breit, 40 cm lang
* Nähfaden in Schwarz
* Nähnadel
* Heißkleber

VORLAGE
Bogen 1B

1 Für den Schmetterling den Körper gemäß Vorlage aus Wolle in Weiß filzen. Formen Sie die Wolle dazu grob vor und filzen Sie sie mit der Nadel in Form. Den Rand dabei immer wieder unter den Körper schieben und durch häufiges Einstechen festigen.

2 Die Flügel ebenso mithilfe der Vorlage filzen und die pinkfarbenen Muster aufnadeln. Nadeln Sie dabei nicht von der Rück-, sondern nur von der Vorderseite, da sich sonst die rosa Wolle in den pinkfarbenen Flächen auf die Vorderseite durchschiebt.

3 Die Flügel gemäß Vorlage von hinten an den Schmetterlingskörper kleben. Die Rocailles als Augen annähen und den Mund aufsticken. Für die Fühler den Draht einmal mittig knicken und an den Enden aufdrehen. Dann können Sie ihn von hinten am Kopf festkleben.

4 Verzieren Sie nun den Schmetterling und die Filzblüten gemäß Abbildung mit den Knöpfen und befestigen Sie dann alle Motive mit Heißkleber auf der Tasche. Zuletzt das Band um einen Henkelansatz zur Schleife binden und mit groben Stichen die Flugbahn des Schmetterlings mit der Nadel auf die Tasche aufsticken.

Fräulein Mööök

ein Schaf für alle Fälle

MOTIVHÖHE
16,5 cm

MATERIAL

* Sperrholz, 1 cm stark, 30 cm x 30 cm
* Filzwolle in Weiß, 10 g, und Mittelgrau, 4 g
* Styropor®-Kegel, 12 cm hoch
* Styropor®-Ei, 4 cm lang
* Strohhut, ø 4,5 cm
* 2 Rocailles in Schwarz
* Satinband in Altrosa, 3 mm breit, 2 x 24 cm lang
* Holzherz in Rosa, 4 cm hoch
* Laterne in Türkis, 17 cm hoch
* Acrylfarbe in Rosa
* Lackmalstift in Weiß
* Nähfaden in Schwarz
* Nähnadel
* Zahnstocher
* Laubsäge
* Schleifpapier, Körnung 120
* Pinsel
* Heißkleber

VORLAGE
Bogen 1B

1 Den Styropor®-Kegel locker mit Wolle in Weiß und das Styropor®-Ei für den Kopf mit Wolle in Mittelgrau umfilzen. Die Schnauzenlinien gemäß Abbildung und Vorlage durch mehrmaliges Einstechen an derselben Stelle so filzen, dass die Einbuchtungen entstehen.

2 Die Ohren gemäß Vorlage filzen. Formen Sie dafür die Wolle grob vor und filzen Sie sie mit der Nadel in Form. Das untere Ende nicht verfilzen und die Ohren damit seitlich am Kopf fixieren.

3 Die Schnauzenlinien mit schwarzem Faden nachsticken. Die Perlen als Augen annähen. Den Zahnstocher auf ca. 4 cm kürzen und an beiden Seiten anspitzen. Kleben Sie ihn je zur Hälfte in den Kopf und in den Körper und verbinden Sie die beiden Teile so miteinander.

4 Die Satinbänder um den Hut binden und den Hut auf dem Kopf anbringen. Das Holzherz nach Belieben am Schaf oder an der Laterne fixieren.

5 Für die Bodenlatte das große Holzherz gemäß Vorlage aus Sperrholz aussägen und die Kanten mit dem Schleifpapier glätten. Bemalen Sie das Herz mit der rosa Acrylfarbe und verzieren Sie den Rand mit dem weißen Lackmalstift gemäß Abbildung.

Ich bring dir Glück!

Wichtel mit Pilzen

MOTIVHÖHE
Wichtel 22 cm
Pilz 8 cm

MATERIAL
WICHTEL
* Filzwolle in Grün, 10 g, Weiß, 4 g, und Rest in Hautfarbe
* Styropor®-Kegel, 12 cm hoch
* Styropor®-Kugel, ø 4 cm
* Bastelfilzrest in Rot mit weißen Punkten
* Deko-Pilz aus Filz, 5 cm hoch
* 2 Rocailles in Schwarz
* Zahnstocher
* Nähfaden in Schwarz
* Nähnadel
* Heißkleber
* UHU Alleskleber

PILZ
* Filzwolle in Weiß, 10 g, und Rot, 10 g
* Styroporpilz, 7,5 cm hoch, ø 8 cm (am Hut)

VORLAGE
Bogen 2A

Wichtel

1 Den Kegel mit Wolle in Grün und die Kugel für den Kopf mit Wolle in Hautfarbe umfilzen. Das große Bartteil aus weißer Wolle nadeln. Formen Sie dafür die Wolle grob vor und filzen Sie sie mit der Nadel in Form. Anschließend den oberen Rand des Bartes am Gesicht festnadeln.

2 Für den Schnurrbart zwei Wollsträngchen auffilzen. Verzwirbeln Sie die Enden und ziehen Sie den Schnurrbart dabei etwas in die Länge. Für die Nase eine Kugel mit einem Durchmesser von ca. 1 cm in Hautfarbe nadeln und gemäß Abbildung und Vorlage auf das Gesicht filzen. Anschließend die Rocailles als Augen aufnähen.

3 Den Zahnstocher auf ca. 4 cm kürzen und an beiden Seiten anspitzen. Kleben Sie ihn je zur Hälfte in den Kopf und in den Körper und verbinden Sie die beiden Teile so miteinander.

4 Das Hut-Teil gemäß Vorlage aus Filz zuschneiden und entlang der Klebelasche zu einem Kegel zusammenkleben. Den Hut auf dem Kopf fixieren. Den kleinen Deko-Pilz auf dem Bauch des Zwergs befestigen.

Pilz

Umfilzen Sie den Hut des Pilzes mit Wolle in Rot und den Fuß des Pilzes mit Wolle in Weiß. Anschließend die Punkte mit weißer Wolle auf den Pilzhut nadeln.

Dekorative Vogelvilla

Piepmatz im Anflug

MOTIVGRÖSSE
Vogelhaus 8 cm hoch
Vogel 6 cm lang

MATERIAL
VOGELHAUS

* Filzwolle in Weiß, 15 g, Hellblau, 4 g, und Rest in Dunkelblau
* Styropor®-Kugel, ø 12 cm
* Bastelfilz in Blau, 3 mm stark, 8 cm x 14 cm
* 12 Blümchen-Perlen aus Kunststoff in Rosa (mit einem Loch), ø 7 mm
* 12 Rocailles in Rot
* Knopf mit Herz in Rosa-Rot, ø 1,9 cm
* Nähfaden in Weiß
* Nähnadel
* scharfes Messer
* Heißkleber

VOGEL

* Filzwolle in Rot, 5 g
* etwas Filzwolle in Weiß
* Styropor®-Ei, 4 cm lang
* Bastelfilzrest in Rot
* 2 Rocailles in Schwarz
* Nähfaden in Rot
* Nähnadel

VORLAGE
Bogen 1A

Vogelhaus

1 Für das Vogelhaus von der Styropor®-Kugel zwei sich gegenüberliegende Seiten so abschneiden, dass eine ca. 5,5 cm breite Scheibe übrig bleibt. Legen Sie dann die Vorlage für das Vogelhaus auf die eine Seite der Scheibe und schneiden Sie diese entlang der Vorlagenkanten zu.

2 Das Haus komplett mit Wolle in Weiß umfilzen. Den „Eingang" zuerst als runde Fläche in Dunkelblau nadeln und anschließend mit Wolle in Hellblau einen Rand auffilzen. Zusätzlich einen Streifen knapp oberhalb des Bodens in Hellblau aufbringen.

3 Je ein rosafarbenes Blümchen und eine rote Rocaille übereinander gemäß Abbildung auf den Streifen rund um das Vogelhaus nähen. Mittig in den Giebel des Hauses einen weißen Faden einziehen. Diesen ebenfalls mittig durch die Filzplatte fädeln. Das Filzdach auf dem Haus fixieren und den Faden für die Aufhängung verknoten. Zuletzt den Herzknopf mit Heißkleber im „Eingang" befestigen.

Vogel

1 Für den Vogel das Ei mit Wolle in Rot umfilzen. Für den Schnabel aus weißer Wolle einen Kegel filzen. Formen Sie dafür die Wolle grob vor und filzen Sie sie mit der Nadel in Form. Den Schnabel dabei immer wieder drehen und das hintere Ende unverfilzt lassen. Damit den Schnabel an den Kopf nadeln.

2 Die schwarzen Rocailles als Augen aufnähen. Schneiden Sie dann für die Flügel den Bastelfilz gemäß Vorlage zu und fixieren Sie die Flügel am Vogel. Einen Faden als Aufhängung durch den Körper ziehen und die Enden verknoten.

Immergrün und pflegeleicht

kleine Dekobäume im Topf

MOTIVHÖHE
Kugelbaum 8 cm (ohne Topf)
Kegelbaum 9,5 cm (ohne Topf)

MATERIAL

* Filzwolle in Hellgrün, 8 g, und Dunkelgrün, 8 g
* Styropor®-Kegel, 6 cm hoch
* Styropor®-Kugel, ø 5 cm
* Mini-Tontopf, ø 4 cm und ø 3 cm
* 9 Holz-Blumen in Rosa und Weiß (mit einem Loch), ø 9 mm
* 9 Rocailles in Weiß und Rosa
* ca. 22 Holzperlen in Rot, ø 3 mm
* Satinband in Rot mit weißen Punkten, 4 mm breit, 20 cm und 25 cm lang
* Acrylfarbe in Weiß
* Pinsel
* Nähfaden in Rot und Weiß
* Nähnadel
* Heißkleber

1 Den Kegel mit Wolle in Dunkelgrün, die Kugel mit Wolle in Hellgrün umfilzen. Anschließend die Holzblumen auf dem Kegel verteilt festnähen. Dafür jeweils eine rosa Blume und eine weiße Rocaille bzw. eine weiße Blume und eine rosafarbene Rocaille übereinander befestigen.

2 Die roten Perlen auf dem hellgrünen Baum fixieren. Sparen Sie dabei den unteren Teil, der sich später im Topf befindet, aus und bringen Sie dort keine Perlen an. Sie würden später vom Topf verdeckt, sodass man sie nicht sehen könnte.

3 Die Blumentöpfe mit Acrylfarbe in Weiß bemalen. Die Kugel auf dem größeren und den Kegel auf dem kleineren Topf befestigen. Die Bänder entsprechend um den oberen Rand der Töpfe knoten und eventuell mit etwas Heißkleber fixieren.

Weihnachtspantoffeln

mit Lebkuchenmännchen

MOTIVGRÖSSE
Pantoffeln 25 cm lang
Lebkuchenmännchen
ca. 9,5 cm hoch

MATERIAL

* 2 Deko-Filzpantoffeln in Rot, 25 cm lang
* Filzwolle in Weiß, 12 g
* 4 Knöpfe in Schwarz, ø 4 mm
* 3 Knöpfe in Rot, ø 6 mm
* 3 Herz-Knöpfe in Rot, ø 7 mm
* Satinband in Rot mit weißen Punkten, 4 mm breit, 20 cm lang
* Nähgarn in Rot und Schwarz
* Nähnadel
* Heißkleber

VORLAGE
Bogen 2B

1 Die Figuren gemäß Vorlage aus weißer Wolle anfertigen. Dafür die Wolle grob vorformen und mit der Nadel in Form filzen. Schieben Sie den Rand dabei immer wieder unter den Körper und festigen Sie ihn durch häufiges Einstechen. Die Lebkuchenmännchen sollten ca. 4–5 mm dick gefilzt werden.

2 Anschließend mit dem roten Nähgarn die Zierstiche am Rand und den Mund aufsticken. Die schwarzen Knöpfe als Augen annähen. Verzieren Sie dann die Figuren mit den Knöpfen und den Herzen gemäß Abbildung.

3 Binden Sie das Satinband zu einer Schlaufe und fixieren Sie es mit Heißkleber am Bauch des Lebkuchen-Mädchens. Die Figuren mit Heißkleber auf den Pantoffeln befestigen.

Unser Tipp für Sie

Adventskalender Sie können die Pantoffeln auch toll als Adventskalender benutzen. Einfach täglich ein Päckchen in die Pantoffeln stecken.

Himmlischer Bote

im Sternenglück

MOTIVHÖHE
ca. 16 cm

MATERIAL
* Filzwolle in Weiß, 10 g, und Hautfarbe, 4 g
* Styropor®-Kegel, 12 cm hoch
* Styropor®-Kugel, ø 4 cm
* 2 Rocailles in Schwarz
* 11 Sternchen-Knöpfe in Gelb, ø 9 mm
* Metallflügel, Spannweite ca. 16 cm
* Puppenhaar-Wolle in Blond, 15 x 35 cm lang
* Buntstift in Rot
* Zahnstocher
* Nähgarn in Schwarz und Gelb
* Nähnadel

VORLAGE
Bogen 2B

1 Den Kegel mit Wolle in Weiß und die Kugel mit Wolle in Hautfarbe umfilzen. Für die Nase eine Kugel mit einem Durchmesser von ca. 1,5 cm filzen und im Gesicht festnadeln.

2 Als Nächstes die Rocailles als Augen annähen und den Mund aufsticken. Dann den Zahnstocher auf ca. 4 cm kürzen und an beiden Seiten anspitzen. Kleben Sie ihn je zur Hälfte in den Kopf und in den Körper und verbinden Sie so die beiden Teile miteinander.

3 Zehn Sternchen-Knöpfe auf dem Bauch des Engels gemäß Abbildung fixieren. Die Haare über den Kopf legen und in der Mitte mit ein paar Stichen am Scheitel entlang festnähen. Auf die gewünschte Länge zurechtschneiden.

4 Bringen Sie den letzten Stern mit Heißkleber im Haar an. Die Flügel mit Heißkleber auf dem Rücken fixieren. Die Bäckchen des Engels können mit etwas rotem Buntstiftabrieb gerötet werden.

Unser Tipp für Sie

Flügel selbst gemacht Sie können auch Flügel aus Metallfolie oder Filz zuschneiden und auf dem Rücken des Engels befestigen.

Flauschige Dekokugeln

schmucke Stücke für den Weihnachtsbaum

MOTIVGRÖSSE
Kugeln ø 5 cm und 6 cm
Zapfen 9 cm lang

MATERIAL

* Filzwolle in Rot, 7 g, Weiß, 12 g, Rosa, 4 g, und Dunkelgrün, 4 g
* Styropor®-Kegel, ø 5 cm und ø 6 cm
* Styropor®-Zapfen, 9 cm lang
* 4 Knöpfe in Grün, ø 6 mm
* Webband in Rot mit Punkten, 1 cm breit, ca. 35 cm lang
* Webband in Rot-Grün-Rosa geringelt, 1 cm breit, ca. 30 cm lang
* Webband in Rot-Grün gestreift, 1 cm breit, ca. 14 cm lang
* Heißkleber
* Nähfaden in Grün
* Nähnadel

1 Umfilzen Sie die Kugeln mit Wolle in Weiß und den Zapfen mit Wolle in Rot.

2 Auf die große Kugel das gepunktete Band rundherum mittig aufkleben, dann ein Ende des Bandes zu einer Schlaufe legen und ebenfalls fixieren. Nun jeweils in der Mitte der entstandenen weißen Flächen einen grünen Punkt (ca. 1 cm Durchmesser) auffilzen. Um diese Punkte herum im Abstand von ca. 1 cm Linien gemäß Abbildung in Rot und Rosa aufnadeln. Zwirbeln Sie dafür die Wolle mit den Fingern zu einem Strang und nadeln Sie diese mit gezielten Stichen an.

3 Bei der kleinen Kugel das Band wie oben beschrieben befestigen. Dann die Kugel mit Punkten (ca. 1 cm Durchmesser) in Rosa, Rot und Grün benadeln.

4 Auf den Zapfen vier zarte Schneeflocken (ca. 3–4 cm Durchmesser) filzen. Zwirbeln Sie dafür ein wenig Wolle mit den Fingern zu einem dünnen Strang und nadeln Sie ihn mit gezielten Stichen an. Jeweils in der Mitte der Schneeflocken einen grünen Knopf annähen. Das Band zur Runde schließen und am oberen Ende des Zapfens befestigen.

Es weihnachtet sehr

Weihnachtsmann und Elch

MOTIVHÖHE
Elch 16 cm
Weihnachtsmann 20 cm

MATERIAL WEIHNACHTSMANN

* Filzwolle in Weiß, 4 g, Rot, 10 g, und Hautfarbe, 4 g
* Styropor®-Kegel, 12 cm hoch
* Styropor®-Kugel, ø 3 cm
* 2 Rocailles in Schwarz
* Mini-Nikolausmütze, ca. 4 cm lang
* Zahnstocher
* Nähfaden in Schwarz
* Nähnadel
* Heißkleber

ELCH

* Filzwolle in Braun, 16 g, und Rest in Rot
* Styropor®-Kegel, 12 cm hoch
* Styropor®-Kugel, ø 3 cm
* Bastelfilzrest in Natur, 4 mm stark
* 2 Rocailles in Schwarz
* Zahnstocher
* Nähfaden in Schwarz
* Nähnadel
* Heißkleber

VORLAGE
Bogen 2B

Weihnachtsmann

1 Den Kegel mit Wolle in Rot und die Kugel mit Wolle in Hautfarbe umfilzen. Aus weißer Wolle einen Bart gemäß Vorlage filzen und am oberen Rand im Gesicht festnadeln. Fertigen Sie dann für die Nase eine Kugel aus hautfarbener Wolle mit einem Durchmesser von ca. 1 cm und nadeln Sie sie im Gesicht an. Nähen Sie die Rocailles als Augen an.

2 Am Hinterkopf aus weißer Wolle einen ca. 1 cm breiten Haarstreifen auffilzen, der später unter der Mütze hervorschaut. Den Zahnstocher auf ca. 4 cm kürzen und an beiden Seiten anspitzen. Kleben Sie ihn je zur Hälfte in den Kopf und in den Körper und verbinden Sie so die beiden Teile miteinander. Zuletzt die Mütze auf dem Kopf fixieren.

Elch

1 Den Kegel und die Kugel mit Wolle in Rotbraun umfilzen. Für die Schnauze gemäß Vorlage die Wolle grob zu einer Halbkugel vorformen und mit der Nadel in Form filzen. Lassen Sie dabei die Seite, mit der die Schnauze an den Kopf genadelt wird, unverfilzt. Nun die Schnauze an den Kopf filzen.

2 Die Wolle für die Ohren ebenfalls vorformen, mit der Nadel in Form filzen und mit den unverfilzten Enden an den Kopf nadeln. Für die Nase eine Kugel mit einem Durchmesser von ca. 1,5 cm aus roter Wolle filzen und auf die Schnauze nadeln. Nähen Sie nun die Rocailles als Augen an.

3 Schneiden Sie das Geweih gemäß Vorlage aus dem Filz zu und kleben Sie es von hinten an den Kopf. Den Zahnstocher auf ca. 4 cm kürzen und an beiden Seiten anspitzen. Kleben Sie ihn je zur Hälfte in den Kopf und in den Körper, sodass die beiden Teile miteinander verbunden werden.

Schweinchen im Glück

Dorle wünscht einen guten Rutsch!

MOTIVHÖHE
ca. 15,5 cm

MATERIAL

* Filzwolle in Rosa, 12 g, Weiß, 5 g, und Grün, 3 g
* Styropor®-Kegel, 12 cm hoch
* Styropor®-Kugel, ø 3 cm
* 2 Rocailles in Schwarz
* Metallglocke in Weiß, ø 1,5 cm
* Satinband in Rosa mit weißen Punkten, 4 mm breit, 25 cm lang
* Zackenlitze in Dunkelrosa, 60 cm lang
* Zahnstocher
* Nähgarn in Grün und Schwarz
* Nähnadel
* Heißkleber oder UHU Alleskleber

VORLAGE
Bogen 2A

1 Die unteren 5 cm des Kegels mit Wolle in Weiß, den Rest mit Wolle in Rosa umfilzen. Die Kugel ebenfalls mit Wolle in Rosa ummanteln.

2 Für die Ohren die Wolle grob vorformen und mit der Nadel in Form filzen. Dabei das untere Ende ungefilzt lassen und damit die Ohren am Kopf annadeln. Filzen Sie nun ein Oval gemäß Vorlage und nadeln Sie es als Rüssel auf das Gesicht. Dabei die Vertiefungen der Nasenlöcher mit gezielten Stichen herausarbeiten.

3 Die Rocailles als Augen annähen. Den Zahnstocher auf ca. 4 cm kürzen und an beiden Seiten anspitzen. Kleben Sie ihn je zur Hälfte in den Kopf und in den Körper und verbinden Sie so die beiden Teile miteinander.

4 Für die Dekoration die Zackenlitze gemäß Abbildung auf dem Bauch des Schweinchens befestigen. Dabei die Runden jeweils auf dem Rücken der Figur beginnen, damit Anfang und Ende später nicht zu sehen sind. Die kleine Glocke mit dem Satinband um den Hals des Schweinchens binden.

5 Nun aus der grünen Wolle ein Kleeblatt gemäß Vorlage (ca. 5–6 mm dick) filzen. Formen Sie dafür die Wolle grob vor und filzen Sie sie mit der Nadel in Form. Den Rand dabei immer wieder nach unten schieben und durch häufiges Einstechen festigen. Zuletzt die Blattadern mit grünem Nähgarn aufsticken und das Kleeblatt auf dem Bauch des Schweinchens fixieren.

Unser Tipp für Sie

Ein Kleeblatt filzen Das Kleeblatt können Sie auch mithilfe eines Ausstecherförmchens nadeln. Dafür etwas Wolle in ein entsprechendes Förmchen geben und mit der Nadel verfilzen.

Heike Roland und **Stefanie Thomas** lernten sich 1996 durch ihr gemeinsames Hobby, dem Bärenmachen, auf einer Künstler-Teddybären-Messe kennen. Irgendwann war das „Bärenfieber“ abgeklungen, aber dafür sprudelten zahllose neue kreative Ideen. Seither wird viel gesägt, gebohrt, gemalt, geschnipselt, geklebt, gefilzt und genäht. Mitte 2004 erschien ihr erstes Buch im frechverlag. Seit einigen Jahren sind sie auch sehr erfolgreich in verschiedenen Bereichen als Designer tätig.

TOPP – Unsere Servicegarantie

WIR SIND FÜR SIE DA! Bei Fragen zu unserem umfangreichen Programm oder Anregungen freuen wir uns über Ihren Anruf oder Ihre Post. Loben Sie uns, aber scheuen Sie sich auch nicht, Ihre Kritik mitzuteilen – sie hilft uns, ständig besser zu werden.

Bei Fragen zu einzelnen Materialien oder Techniken wenden Sie sich bitte an unseren Kreativservice, Frau Erika Noll.
mail@kreativ-service.info
Telefon 0 50 52 / 91 18 58

Das Produktmanagement erreichen Sie unter:
pm@frechverlag.de
oder:
frechverlag
Produktmanagement
Turbinenstraße 7
70499 Stuttgart
Telefon 07 11 / 8 30 86 68

LERNEN SIE UNS BESSER KENNEN! Fragen Sie Ihren Hobbyfach- oder Buchhändler nach unserem kostenlosen Kreativmagazin **Meine kreative Welt.** Darin entdecken Sie vierteljährlich die neuesten Kreativtrends und interessantesten Buchneuheiten.

Oder besuchen Sie uns im Internet! Unter **www.frechverlag.de** können Sie sich über unser umfangreiches Buchprogramm informieren, unsere Autoren kennenlernen sowie aktuelle Highlights und neue Kreativtechniken entdecken, kurz – die ganze Welt der Kreativität.

Kreativ immer up to date sind Sie mit unserem monatlichen **Newsletter** mit den aktuellsten News aus dem frechverlag, Gratis-Bastelanleitungen und attraktiven Gewinnspielen.

IMPRESSUM

FOTOS: frechverlag GmbH, 70499 Stuttgart; Ullrich & Co., Renningen (Schrittfotos); Michael Ruder, lichtpunkt, Stuttgart (restliche Fotos)
PRODUKTMANAGEMENT UND LEKTORAT: Susanne Pypke
GESTALTUNG: Atelier Schwab, Handewitt
DRUCK: frechdruck GmbH, 70499 Stuttgart PRINTED IN GERMANY

Auflage:	5.	4.	3.	2.	1.	
Jahr:	2014	2013	2012	2011	2010	[Letzte Zahlen maßgebend]

ISBN 978-3-7724-3892-9 • Best.-Nr. 3892